AF341678

LIQUIDATION

DE

NOS DETTES

RÉORGANISATION DU TRAVAIL

PAR

M. Gustave POUJARD'HIEU

ANCIEN SECRÉTAIRE DE LA COMPAGNIE DES CHEMINS DE FER DU MIDI

PARIS

IMPRIMERIE Vᵉ POITEVIN, ÉTHIOU-PÉROU & Cⁱᵉ

RUE DAMIETTE, 2 ET 4

1871

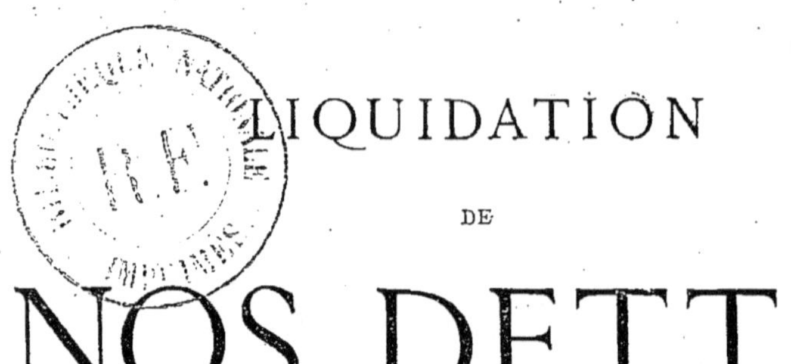

LIQUIDATION

DE

NOS DETTES

RÉORGANISATION DU TRAVAIL

PAR

M. Gustave POUJARD'HIEU

ANCIEN SECRÉTAIRE DE LA COMPAGNIE DES CHEMINS DE FER DU MIDI

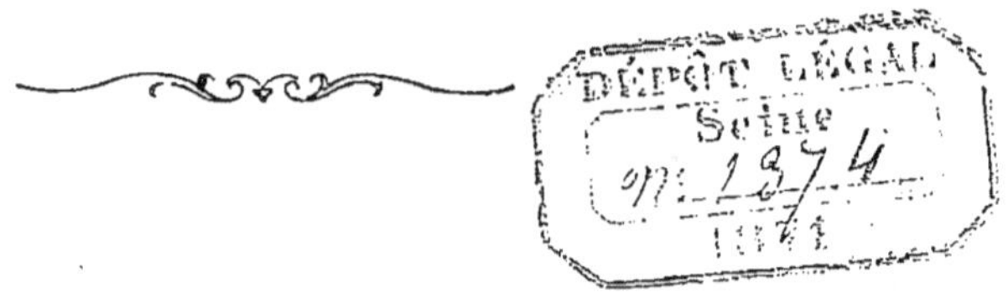

PARIS

IMPRIMERIE Ve POITEVIN, ÉTHIOU-PÉROU & Cie

RUE DAMIETTE, 2 ET 4

1871

TABLE DES MATIÈRES

Gustave **POUJARD'HIEU**

LIQUIDATION

DE NOS DETTES

RÉORGANISATION DU TRAVAIL

Nous voici grevés d'une dette égale, sinon supérieure à celle de l'Angleterre. Pouvons-nous supporter cette lourde charge sans atteindre les sources mêmes de notre prospérité, sans nous condamner à une langueur dont le temps seul nous fera sortir? — Oui. — Comment? — C'est ce que je vais exposer.

La dette de l'Angleterre n'a pas arrêté le développement de son agriculture, de son commerce et de son industrie; la dette des États-Unis d'Amérique ne les a pas empêchés de voir rapidement renaître leur prospérité. Il faut, à leur exemple, mettre à la disposition du pays, d'un côté, de nouveaux moyens de produire, et d'un

autre côté, de nouveaux impôts. C'est en développant
ou en organisant de nouveaux instruments de production et de crédit, c'est en créant de nouvelles taxes
que nous pourrons, comme l'Angleterre et les États-
Unis, impunément supporter l'énormité de notre dette.

Je m'occuperai d'abord des nouvelles ressources à
créer par l'impôt.

Je ne crois pas que l'impôt sur le revenu, que l'*income-tax*, soit possible à établir en France de la même
façon qu'il l'est en Angleterre. Il y est fort combattu,
et cependant dans toutes leurs crises, guerre de Crimée,
guerre des Indes, etc., c'est à l'*income-tax*, plutôt qu'à
l'emprunt, que les Anglais ont eu recours pour parer
à des dépenses extraordinaires. Car, en Angleterre,
cette taxe paraît être facile à établir, le sol tout entier
étant possédé par 31,315 propriétaires seulement,
et les grandes fortunes commerciales, financières
et industrielles notoires, y étant fort nombreuses. En
France, au contraire, les grandes fortunes sont une
exception, l'égalité dans l'héritage morcelle bien vite
celles qui se forment, et le sol, divisé en 120 millions
de parcelles, est possédé par plus de cinq millions de
propriétaires, dont le revenu moyen est estimé à
1,000 francs par an (1). Il ne serait ni politique, ni

(1) Un statisticien fantaisiste, dans une note reproduite par les journaux, a estimé à 360 milliards la fortune immobilière et mobilière de la
France. Je voudrais bien savoir comment est établie cette évaluation, qui
est, je crois, exagérée au moins de moitié. Il est dit dans cette note que

prudent, ni efficace de toucher au revenu de la propriété agricole dans notre pays; il faudrait plutôt songer à alléger ses charges, car c'est l'agriculture qui doit nous aider, par une recrudescence de travail et de produits, à reconstituer notre fortune.

Ne pouvant et ne voulant donc pas toucher au sol pour lui demander des sacrifices, qu'après la disette, la guerre et les épizooties, il n'est pas en état de supporter et qui nuiraient à sa fécondité, je ne trouve de taxes nouvelles à créer que sur l'actif mobilier de la France, qui a acquis un si grand développement depuis vingt ans et qui ne doit son accroissement, pour ainsi parler, qu'aux *faveurs, priviléges ou contributions de l'État.*

Notre fortune mobilière est principalement représentée par des titres émanant de Sociétés anonymes et il est facile de l'atteindre, sans avoir recours à aucune mesure vexatoire ou inquisitoriale. Il n'y a

450,000 individus possèdent une valeur de 160 milliards, ce qui ferait une moyenne de 4 millions à peu près par chaque groupe de cette série. Or, je défie qu'on produise une liste, non-seulement de 450,000, mais de 20,000 familles en France ayant 200,000 francs de rentes, qui représentent l'intérêt à 5 °/₀ de 4 millions. — Il est vraiment déplorable de voir des feuilles sérieuses accueillir aussi légèrement de pareilles communications. Il n'y a de valeur véritable, active, réalisable, imposable que celle qui donne un revenu. — Avec ses 50 millions d'hectares et ses titres mobiliers produisant des intérêts ou des dividendes, la fortune de la France ne peut pas être estimée à plus de 150 milliards de capital *imposable.*

qu'à taxer le titre lui-même, et l'impôt se trouve établi et perçu sans inconvénients.

C'est donc un impôt sur tous les titres mobiliers, dont on peut sans difficulté connaître l'origine, c'est donc un *income-tax* sur le revenu des titres mobiliers que je viens réclamer d'abord.

Les titres mobiliers les plus nombreux, en dehors de la rente sur l'État, qu'il n'est pas possible d'imposer dans les circonstances actuelles, sont ceux des six grandes Compagnies de chemins de fer. Personne n'ignore les faveurs extraordinaires dont ces Compagnies ont été comblées par l'État. On leur a donné plus de quinze cents millions de subventions et une garantie d'intérêt de 4,65 °/₀ sur un capital de plus de quatre milliards. Depuis vingt ans, on a, sans cesse, remanié leurs contrats pour leur plus grand avantage, et, en 1868, on leur a même accordé plus de 200 millions de subventions « rétrospectives. »

C'est l'impôt, c'est-à-dire la participation générale de la nation, qui a doté de toutes ces contributions financières les six grandes Compagnies et qui paiera les garanties d'intérêt. Mais, dans cette sorte d'association entre le pays et ces Sociétés, il est permis de constater que la part léonine est du côté des Compagnies, et, dans la détresse où nous nous trouvons, il paraît équitable que l'État demande à son tour à ces puissantes associations de capitaux, qui ont fait de si immenses profits par son concours qu'on peut les estimer au chiffre même des subsides qu'elles ont perçus (1), il paraît, dis-je, équitable que l'État demande à son tour aux six grandes Compagnies un remaniement de leurs contrats pour venir en aide aux engagements du pays.

Le principe du remaniement des contrats des Compagnies a été remis en vigueur pour la Compagnie du Chemin de fer du Nord. Cette Compagnie a signé avec le Ministre des Travaux publics, dans ces derniers temps, un traité qui lui permet de mettre au compte de premier établissement l'insuffisance de ses recettes de 1870 à 1875. Ainsi, pendant une période de cinq ans, la Compagnie du Nord augmentera son capital d'une somme, pour ainsi parler, arbitraire. Qu'est-ce à dire? Est-ce pour maintenir à 1,000 francs les actions de cette Société qui ont été libérées à 400 francs? Car où est l'intérêt public dans cette convention? Or c'est de l'intérêt public que l'on doit s'inspirer absolument dans ce moment-ci, et je viens demander, puisque les Compagnies ont elles-mêmes pris l'initiative des mesures de remaniement, que le principe soit autrement appliqué.

Qu'on ne me fasse pas, dans les propositions que je

(1) Le capital actions des Compagnies est de 1,477 millions au pair, et elles ont eu 1,500 millions de subventions. — Or, leurs titres ont presque tous obtenu une prime de 100 °/₀ : le Nord, l'Orléans et le Lyon ont à peu près maintenu cette plus value; le Midi a valu 900 francs, l'Ouest et l'Est 1,000 francs.

vais développer, la banale objection du respect des contrats. Les Compagnies n'ont jamais respecté et exécuté leurs contrats; les lois successives qui les ont modifiés, qui leur ont accordé des *subventions rétrospectives* en fournissent la preuve. Du reste, pour établir la taxe que l'intérêt public commande qu'on leur impose, j'ai cherché à leur donner des compensations, et si elles refusaient de l'accepter, il y aurait un moyen bien simple de la leur faire subir; ce serait de les taxer sans compensations, par une loi qui serait indubitablement votée par l'Assemblée nationale. Car on ne peut pas admettre un instant qu'il reste en France des Sociétés privilégiées, comblées à outrance des deniers de l'impôt, qui puissent avoir encore le privilége de se soustraire au concours que le Trésor va réclamer de tout le monde dans la crise désastreuse que nous traversons.

En conséquence, voici comment devrait, à mon avis, s'opérer le remaniement des contrats des six grandes Compagnies de chemins de fer.

REMANIEMENT DES CONTRATS DES SIX GRANDES COMPAGNIES DE CHEMINS DE FER

1° Les six grandes Compagnies de chemins de fer, Nord, Est, Midi, Ouest, Orléans, Paris-Lyon-Méditerranée, moyennant les compensations ci-après, partageront pendant dix ans le produit *net* de leurs recettes avec l'État. — Pour établir ce produit net, il leur sera reconnu à forfait 40 °/₀ de frais d'exploitation.

2° Sur les 60 °/₀ de produit net, 30 °/₀ seront versés dans la caisse du Trésor pendant ces dix années. Les 30 °/₀ (1) restant seront employés, en premier lieu, au service et à l'amortissement des obligations (2); l'excédant sera distribué aux actions. Si cet excédant n'était pas suffisant pour parfaire aux actions 4 °/₀ de leur capital, au pair de 500 francs l'action, la somme nécessaire pour compléter cet intérêt de 4 °/₀ serait portée au compte de premier établissement, conformément au précédent créé pour la Compagnie du Nord, en augmentation du fonds social, comme cela a lieu dans la période de construction.

3° En compensation, l'Etat porterait de nouveau les concessions, qui ont déjà en moyenne épuisé 20 ans de jouissance, à 99 ans à dater du 1ᵉʳ janvier 1872.

L'État abandonnerait le droit de rachat, excepté pour la Compagnie du Midi, à cause du monopole des transports que lui constitue la propriété du Canal latéral à la Garonne et l'affermage du Canal du Midi.

---

(1) L'impôt du dixième qui est perçu en sus des tarifs serait maintenu ainsi que l'impôt sur les titres. — Ce dernier impôt est très-léger et c'est la quantité seule des titres qui lui donne de l'importance comme recette.

(2) La garantie d'intérêt de l'État met tous les ans 30 à 35 millions, en sus de leurs recettes, à la disposition des Compagnies pour le service de leurs obligations.

Il abandonnerait également le droit au partage des revenus excédant 8 °/₀.

4° Les sommes employées à réparer les désastres de la guerre seraient portées au compte de premier établissement des lignes des réseaux sur lesquelles porte la garantie d'intérêt de 4,65 °/₀.

5° Pour dégrever les frais d'exploitation, le Ministre des Travaux publics obligerait les Compagnies à diminuer de 25 °/₀ tous les traitements supérieurs à 6,000 francs pendant dix ans.

Que va produire cette combinaison ?

D'après les documents officiels et non compris l'impôt du dixième, les recettes totales des six grandes Compagnies se sont élevées, en 1869, à 680 millions en chiffre rond. On peut donc compter sur une recette moyenne de 700 millions dans une période décennale. En déduisant 40 °/₀ de frais d'exploitation, soit 280 millions, il reste net 420 millions à partager, soit pour l'État 210 millions par an, et pour dix ans plus de deux milliards.

Mais ne doit-on pas supposer que les recettes augmenteront, par l'impérieuse nécessité qui va pousser tout le pays à se livrer avec ardeur aux affaires, ainsi que cela a lieu après toutes les crises ? Et puis ne s'accroîtront-elles pas par le fait même de l'ouverture de sections nouvelles ? car je ne suppose pas que les travaux des Compagnies soient suspendus ; — au contraire, — et il faut pourvoir à ce besoin. Je crois donc que ma proposition peut assurer au Trésor une recette de 2 milliards trois ou quatre cents millions dans une période de dix ans. C'est la moitié de l'indemnité de guerre.

En mettant en regard les immenses sacrifices que l'État a faits pour les six grandes Compagnies et les modifications nouvelles qui seraient apportées à leurs contrats, je crois que ma solution est pratique et que les intéressés, je veux dire les actionnaires des Compagnies, n'ont pas à s'y opposer. En effet, leurs titres sont essentiellement aléatoires ; en permettant de leur parfaire un intérêt de 4 °/₀ sur le pair, on rentre dans le système de la garantie de ce même intérêt de 4 °/₀ qui avait été donnée à la Compagnie d'Orléans lorsqu'elle était à son origine dans la détresse. Les actionnaires des Compagnies ont dû calculer que leurs titres n'avaient pas un prix qu'il fallût sans cesse sauvegarder quand même. Lorsqu'ils ont acheté des actions du Nord à 400 francs de *prime* à l'émission ; lorsqu'ils ont acheté des actions de l'Est et de l'Ouest à 1,000 francs ; du Midi à 900 fr., ils ont su qu'ils couraient la chance de les voir descendre au prix qu'elles ont aujourd'hui, c'est-à-dire entre 5 et 600 francs, et conséquemment qu'ils affrontaient le risque de supporter une diminution de 40 à 50 °/₀ dans le revenu du capital qui avait servi à leur achat. Eh bien ! aujourd'hui le salut public commande de leur faire aussi subir momentanément une diminution dans leur revenu, et cela pendant dix ans, tandis qu'en reportant les concessions à 99 ans, on leur donne dans l'avenir 20 ans de plus de jouissance de leur concession, pour le partage de la moitié de cette jouissance pendant dix ans dans le présent ; l'amortissement de leurs titres déjà commencé est retardé de vingt ans, ce qui constitue un bénéfice immédiat très-important, et par l'abandon du droit de rachat et du partage que l'État s'est réservé au-dessus de 8 %, la liberté des Compagnies est désormais assurée et leurs futurs dividendes illimités. Je trouve les compensations suffisantes.

Je me réserve de publier, s'il y a lieu, ultérieurement, le projet que j'avais fait présenter au Gouvernement de la défense nationale pour réorganiser l'administration et la gestion des Compagnies, projet qui a été trouvé *inopportun,* et qui avait pour but de réaliser les simplifications et les économies indispensables à l'abaissement des tarifs et au bon marché des transports, sans nuire aux bailleurs de fonds des Compagnies. Cette combinaison, dont je n'ai pas fourni tous les développements (1), puisqu'elle a été écartée en principe, donnerait à l'État *plus d'un milliard de bénéfices d'une*

(1) Je ne crois pas devoir, pour le moment, développer cette proposition, mais j'affirme qu'elle est d'une réalisation facile, incontestable et immédiate. Elle ne porterait atteinte à aucun intérêt, mais elle est surtout une question *de personnes*, et c'est pour cette raison que je me borne à poser le fait, prêt à l'expliquer si j'y suis provoqué officiellement.

réalisation incontestable, en sus des résultats produits
par le remaniement des contrats que je viens de pro-
poser.

COMPAGNIES D'ASSURANCES

Ce que je voudrais atteindre, ce sont les associations
de capitaux qui n'existent que par un *privilége* jusqu'ici
gratuit du pouvoir. A ce titre, les Compagnies d'assurances doivent au pays qui constitue leurs profits,
« qui paie la milice des incendies, » et à l'État auquel
elles doivent leur existence, un concours sans réserve dans
les circonstances désastreuses où nous sommes, puisque
leur fortune n'a été constituée que par le *don* d'une
forme sociale dont le gouvernement s'était réservé
l'octroi. Quand on voit quelques-unes de ces Compagnies donner plus de 200 °/₀ de dividende, on est
naturellement amené à rechercher l'origine d'une si
extraordinaire prospérité, et l'on se demande pourquoi
l'État ne s'est pas réservé une part quelconque dans des
opérations aussi fructueuses, lorsqu'on ne peut les
faire sans son autorisation, et qu'il frappe et va frapper
de tous côtés de l'impôt toutes les sources du travail et
de la production du pays.

C'est pourquoi nous demandons :

1° Que toutes les Compagnies d'assurances autorisées
par l'État partagent avec lui, pendant dix ans, leurs
bénéfices excédant 6 °/₀ de leur capital ;

2° Que ce capital soit complété immédiatement par toutes les Compagnies qui ne l'ont pas entièrement réalisé, et que le produit de ces versements soit employé en rentes sur l'État *intransférables* pendant dix ans, sauf le cas de liquidation.

Il n'est pas possible de donner des chiffres à ce sujet, la plupart des Compagnies ne publiant leurs rapports d'aucune façon et le système du *secret* paraissant être le moyen généralement employé par elles, pour ne pas éveiller l'attention publique sur leurs priviléges.

TITRES MOBILIERS DIVERS

Nous croyons qu'il ne faut imposer que le passé. Tout ce qui est créé en titres mobiliers doit être atteint; ce qui est à créer doit être préservé.

Toutes les valeurs mobilières, emprunts de villes, de départements, de communes, actions de canaux, ponts, gaz, etc., en un mot tous les titres émanant de Sociétés existant actuellement qui ont eu recours à la forme anonyme *privilégiée,* tous ceux qui ont eu besoin de l'autorisation de l'État pour être créés, seront soumis pendant dix ans à une taxe de 10 °/₀ *de leur revenu.* Cette taxe sera perçue par abonnement, ainsi que cela se pratique pour l'impôt sur les actions et obligations de Chemins de fer.

On peut estimer le capital représenté par ces titres

à 5 milliards environ. En calculant leur revenu à une moyenne de 4 °/₀, cela donne 200 millions, et la taxe du dixième donnera 20 millions par an.

CRÉANCES HYPOTHÉCAIRES

On évalue de 7 à 8 milliards le chiffre des hypothèques *réelles*, les seules qui puissent être en question.

On trouvera, je crois, facilement dans les bureaux des Conservateurs un recensement exact des créances hypothécaires réelles, dont on estime que le produit est plus que le double de celui de l'impôt foncier. En calculant sur 8 milliards à 6 °/₀, on obtient 480 millions de revenu, sur lequel il sera perçu une taxe de 10 °/₀ pendant dix ans, soit 48 millions par an. La taxe n'atteindrait que les hypothèques existantes; les nouveaux prêts hypothécaires en seraient exempts.

VALEURS ÉTRANGÈRES ET DIVERSES

On a calculé qu'il avait été émis pendant l'Empire plus de *dix milliards* de valeurs étrangères sur le marché français. Du moment que l'on veut atteindre le revenu mobilier sur les titres qui le représentent, les valeurs étrangères détenues par des Français, ou qui seront achetées par eux, ne doivent pas échapper à la mesure générale qui touche à toutes les valeurs.

En conséquence, toutes négociations de vente ou d'achat de valeurs étrangères devront être faites, pour être régulières, sur des bordereaux revêtus d'un timbre proportionnel représentant une taxe de 1/10 °/₀ au profit de l'État, dans toutes les bourses de commerce sans exception. Tout agent de change, banquier ou courtier de valeurs qui aura prêté son intermédiaire à ces négociations, sans échanger un bordereau revêtu du timbre susdit, sera passible, administrativement, d'une amende de 10,000 francs par chaque opération.

Toute négociation de valeurs françaises ou étrangères qui n'émaneront pas de sociétés anonymes autorisées par le gouvernement français, toutes les valeurs françaises quelconques qui seront cotées ou négociées dans les bourses, par n'importe quel intermédiaire, paieront le même timbre proportionnel, et les agents de ces négociations encourront la même amende, en cas de contravention.

Tout individu qui éludera, par des opérations sur parole, les engagements sur timbre proportionnel, sera passible de l'amende de 10,000 francs par chaque contravention.

Ce timbre sera acheté à l'État de la même façon et sous la même forme employées pour les billets de commerce.

Il sera défendu, jusqu'à ce qu'il en soit décidé autrement, à tout journal ou organe de publicité et à tout imprimeur de publier des prospectus ou annonces, ou de faire des réclames pour des émissions de valeurs étrangères, sous peine d'une amende de 10,000 francs par contravention.

Les journaux dits financiers ne pourront pas avoir des comptoirs de recouvrement, ni servir à des associations d'entrepreneurs d'affaires, sous peine de suspension immédiate et d'une amende de 10,000 francs.

Les titres et émissions émanant de Sociétés qui ont des succursales en France et dont le siége social est à l'étranger, ne pourront plus à l'avenir, être ni annoncés, ni cotés, ni négociés dans les bourses françaises. La cote sera retirée à celles qui l'ont obtenue. Il faut que l'ordre remplace définitivement les abus en cette matière.

———

L'économie de ces diverses propositions se résume ainsi.

Par le remaniement des contrats des six grandes Compagnies, on obtient plus de 200 millions par an ; la taxe sur les compagnies d'assurances, les créances hypothécaires, les titres mobiliers divers, le timbre imposé à la négociation des valeurs étrangères et diverses doivent donner près de 100 millions. On peut donc prévoir que ces diverses taxes produiront, dans une période de dix ans, 3 milliards. Notre budget peut, je le pense, subir une diminution de 200 millions ; en tout 5 milliards (1).

Mais, avec ces ressources, agissons comme les Américains, émettons des rentes à court terme et amortissons-les dans une période de douze ou quinze ans.

Il faut, dis-je, que sur notre budget on trouve une économie de 200 millions. Déjà la disparition de la liste civile nous rend 50 millions ; il doit être possible de réduire nos dépenses de 150 millions au moins sur une recette de près de 1,800 millions. Alors dans dix ans nous aurons perçu et économisé 5 milliards, et notre liquidation sera faite sans trop de troubles.

Mais il ne suffit pas de faire notre liquidation, il est indispensable de pourvoir en même temps à la réorganisation des affaires et du travail. A cet effet, on doit créer de nouveaux instruments de crédit et de nouvelles ressources : c'est dans ce but que je fais l'exposé suivant.

(1) Voici comment nos recettes étaient évaluées pour le budget de 1869 :

Impôt foncier	170 millions.
Contribution personnelle et mobilière. . . .	55 —.
Portes et fenêtres	40 —
Patentes	65 —
Enregistrement	350 —
Timbre.	85 —
Boissons et Sel	265 —
Droits de douane, etc.	245 —
Monopoles de l'État	260 —
Revenus divers	245 —
	1.780 —

Il n'y a pas un pays en Europe qui ait un revenu aussi considérable et dont la perception se fasse plus régulièrement.

RÉORGANISATION DU TRAVAIL

CRÉATION DE BANQUES DÉPARTEMENTALES

L'enquête sur la Banque de France, à l'occasion de la polémique sur la liberté des banques, n'a pas abouti, comme toutes les enquêtes ; mais, puisqu'il paraît indispensable d'entreprendre une œuvre de décentralisation politique, je crois que l'on peut et doit commencer par la décentralisation financière, qui créera l'émancipation industrielle et commerciale de la province.

Il est maintenant démontré que si la Banque de France a un privilége, on ne lui a jamais accordé un monopole. Ce privilége a constitué à ses actionnaires, d'après les calculs les plus exacts, depuis 1848 jusqu'en 1865, par la hausse des actions anciennes et nouvelles, un bénéfice de 469 millions (1), et il leur avait été distribué en dividendes, depuis la même époque, 372 millions, sans compter des réserves considérables

(1) En 1857 les actions de la Banque de France, dont le pair est de 1,000 francs, ont atteint le prix de 4,600 francs, soit une prime de 3,600 francs par action.

pour un capital qui n'atteint pas 200 millions ; en ajoutant les bénéfices réalisés. Depuis 1865 on arrive à un total bien supérieur à un milliard. La Banque de France serait donc mal venue à invoquer ses intérêts lésés pour s'opposer à la création de Banques départementales. Mais, en outre, elle va avoir à pourvoir à tant de besoins publics, qu'il lui deviendra impossible de satisfaire à ceux du commerce et de l'industrie.

On parle toujours des États-Unis. Croit-on que malgré ses dangers la liberté des banques n'ait pas été pour eux un puissant instrument de réorganisation dans leurs désastres? Il est impossible de le nier. Il existait en France en 1848 quatorze banques indépendantes, qui ont été absorbées par la Banque de France, sous prétexte de nous doter du bienfait de l'unité du billet d'émission. Mais cette unité du billet de banque nous a donné aussi l'unité d'intérêt et a fait subir à la province le contre-coup de toutes les crises de la bourse de Paris. Cette unité du taux de l'intérêt a donc élevé le prix de l'argent au lieu de l'abaisser ; c'est un fait acquis. Ce n'a pas été un progrès, mais une nouvelle plaie de la centralisation. *La décentralisation du crédit est devenue, dans ce moment, une question de salut public.* En concentrant dans le portefeuille d'une institution unique qui seule accorde du crédit au commerce et à l'industrie, tout le papier qu'ils ont créé, n'a-t-on pas donné à la crise une intensité cent fois plus grande que si les risques avaient été répartis entre une centaine d'établissements?

N'a-t-on pas diminué nos forces, en ne leur donnant pas les moyens de se réunir sur des points divers où elles auraient servi à résoudre des difficultés dont la solution varie suivant les milieux ?

Donc nous réclamons, conformément à la loi du 24 germinal an XI, qui, par son article 31, consacre ce principe : que le gouvernement pourra accorder le privilége de banques départementales (article maintenu implicitement par l'article 8 de la loi des 30 juin et 8 juillet 1840 et par celle de 1857), nous réclamons la création de banques départementales émettant des billets dont l'émission sera déterminée par le gouvernement conformément à la loi de germinal précitée.

Il pourra être créé une Banque par département.

Le capital de ces banques, qui sera représenté par des rentes sur l'État, devra être proportionnel au chiffre de la population ou à l'importance du mouvement industriel, agricole et commercial des départements où elles seront appelées à fonctionner.

Elles seront obligées d'établir des succursales dans les chefs-lieux d'arrondissement et même de canton, lorsque pour ce dernier cas, la nécessité en aura été signalée par les chambres de commerce.

Elles pourront escompter du papier à *deux signatures*, prêteront sur les titres d'emprunts départementaux, communaux et municipaux; sur les titres des Sociétés anonymes et autres qui paieront l'impôt, enfin, sur tous les titres mobiliers autres que ceux sur lesquels la

Banque de France est autorisée à faire des avances, aux taux et conditions qu'elles détermineront.

Cette organisation fera pénétrer le crédit partout où il en sera besoin; par la faculté d'escompter à *deux signatures*, faculté empruntée aux Statuts du Comptoir national d'Escompte et qui n'a révélé aucun danger, on délivrera l'industrie et le commerce d'intermédiaires onéreux qui font payer très-cher leur troisième signature, et on abaissera le taux de l'intérêt ; — par la possibilité d'emprunter, on mettra dans la circulation une masse de titres mobiliers qui, dans l'état d'immobilité forcée où ils sont maintenant, parce qu'ils ne peuvent pas fournir de ressources d'emprunt, ne servent à rien, tandis que par leur mobilisation ils pourront faciliter dans une large part, les opérations commerciales et industrielles à court terme. *Supputez le capital commanditaire de circulation qui peut être sorti de sa torpeur par cette mobilisation possible et incessante,* AU MOYEN DE LA CIRCULATION FIDUCIAIRE DE BANQUES DÉPARTEMENTALES, *de quatre ou cinq milliards paralysés actuellement dans les portefeuilles, et songez quelles grandes ressources seront mises, ainsi, à la disposition du commerce et de l'industrie !*

Le privilége d'émission de billets constituant *un bénéfice* certain pour les banques, il n'est pas douteux que la réorganisation des banques départementales ne puisse avoir lieu dans un bref délai : ce sera un des éléments les plus efficaces de la reprise du travail général.

EMPRUNT DE 400 MILLIONS EN OBLIGATIONS
GARANTIES PAR L'ÉTAT
DES SIX GRANDES COMPAGNIES DE CHEMINS DE FER

ABSORPTION DE CET EMPRUNT PAR LES SOCIÉTÉS DE CRÉDIT
ET LES TRÉSORIERS-PAYEURS GÉNÉRAUX

Les six grandes Compagnies de chemins de fer émettent habituellement par an 300 millions d'obligations garanties par l'État. J'estime qu'il leur en faut 400 dans les circonstances actuelles. Il est utile d'éviter que cet emprunt n'arrive sur le marché faire concurrence à celui de l'État et aux besoins de l'industrie et du commerce.

A cet effet, on exigera le concours des institutions de crédit et des trésoriers-payeurs généraux, qui ont les uns des *priviléges de forme sociale*, et les autres aussi une sorte de *privilége pour les opérations de banque*.

Les institutions de crédit feront immédiatement un appel de fonds pour compléter leur capital social (le versement actuel varie de 125 à 250 francs sur 500 francs); elles emploieront le produit de ces versements en obligations des grandes Compagnies de chemins de fer. Leurs titres sont entre les mains de spéculateurs ou de capitalistes, et les versements seront indubitablement effectués ; ces établissements ont une clientèle nombreuse, auprès de laquelle ils pourront facilement écouler les obligations qu'ils auront achetées, peu à peu et en temps opportun. — Le prix d'émission de ces obligations sera fixé par le Ministre des Finances. Cette proposition a du reste quelque analogie avec l'opération que le gouvernement obligea la Banque de France de faire, lors de la crise financière de 1857, pour venir en aide aux Compagnies de chemins de fer, contre dépôt de leurs obligations. Mais les circonstances exigent une mesure plus efficace, et je ne crois pas que les établissements que j'ai en vue puissent s'y refuser, en considérant les bénéfices énormes qu'ils ont réalisés sur l'émission de leur capital par le seul octroi d'une forme sociale *privilégiée*.

Chaque trésorier-payeur général souscrira une somme d'obligations égale au montant de son cautionnement. On doit se rappeler que les receveurs généraux furent créés par le ministre Gaudin, sous le Consulat, pour venir en aide au Trésor public. Depuis lors les Recettes générales sont devenues de véritables sociétés en commandite où des bénéfices considérables sont assurés, à moins de gestion frauduleuse, à une association de capitaux privés. On a beaucoup discuté à leur endroit dans ces derniers temps; mais en attendant une solution, on peut exiger de ces associations, qui ne sont que des maisons de banque patronnées par l'État, un concours qui ramène l'institution aux conditions de son origine, c'est-à-dire à être, dans des circonstances impérieuses, un instrument de crédit au service de la chose publique.

Les trésoriers-payeurs généraux ont, comme les établissements de crédit, une clientèle chez laquelle ils pourront également écouler les obligations qu'ils auront souscrites ; mais le capital qu'ils y emploieront devra être fourni par leurs associés commanditaires et ne pas être pris dans les fonds qu'ils perçoivent pour le compte du Trésor.

Par cette combinaison, j'estime que sur les quatre cents millions, trois cents millions seront absorbés, et, comme cette absorption sera rapide, le reste de l'émission ne pèsera pas trop lourdement sur le marché financier.

CRÉATION D'UNE CAISSE D'ESCOMPTE DES CHEMINS DE FER

Il y a actuellement *cinquante-deux* petites concessions de chemins de fer en cours d'exécution. Il a été émis sur ces concessions non-seulement des actions, mais des titres d'obligations pour une somme très-considérable. Dans la crise redoutable où nous sommes, les travaux des petites Compagnies de chemins de fer menacent d'être suspendus par l'immobilisation ou le discrédit de leurs titres. C'est un danger qu'il faut immédiatement conjurer. Dans ce but, j'ai déjà réclamé auprès du Ministre des Travaux publics, au mois de décembre dernier, la reconstitution du Sous-Comptoir des Chemins de fer qui a disparu, comme on le sait, à la suite d'un incroyable abus de confiance et qui avait été créé en 1850, précisément pour venir en aide aux dix-huit Compagnies de Chemins de fer alors existantes, et dont la situation se trouvait la même que celle des cinquante-deux concessions précitées.

Mais, après y avoir réfléchi et par suite des événements, j'ai reconnu que cette reconstitution serait insuffisante et qu'il fallait donner à une institution de crédit dans cet ordre d'idées des attributions et des moyens d'action plus importants que ceux des sous-comptoirs.

Il y a longtemps que dans le monde des affaires il circule des projets divers pour l'organisation d'une caisse générale des travaux publics. Mais toutes les combinaisons reposent sur la constitution d'un capital de spéculation dont les titres fourniraient matière à des émissions avec primes, à des opérations incessantes de bourse, comme cela s'est pratiqué dans toutes les créations financières de l'empire. Il faut que ces agissements, dont les conséquences ont été si fatales, disparaissent complétement à l'avenir et que les établissements à créer sous le patronage de l'État, pour satisfaire aux besoins généraux du pays, soient exempts de ce vice d'origine.

En conséquence, je ferai reposer la constitution d'une

Caisse d'e. compte des chemins de fer sur deux principes déjà appliqués et éprouvés :

1° Celui qui a servi à établir le Sous-Comptoir des Chemins de fer et qui consiste à trouver le capital dans le versement d'un tantième sur le fonds social, actions et obligations des Compagnies;

2° Celui qui a été pendant trois ans la base des Comptoirs nationaux d'escompte.

On doit se souvenir que les Comptoirs nationaux d'escompte furent fondés avec la double garantie des villes et de l'État : leur capital n'était engagé que pour un tiers dans les risques de leurs opérations.

J'établirais donc comme suit une Caisse d'escompte des chemins de fer :

1° Le Ministre des Travaux publics obligerait toutes les petites Compagnies représentant les cinquante-deux concessions dont j'ai parlé plus haut à former, moyennant le versement d'un tantième sur leur capital actions et obligations, le fonds social de la Caisse, dont le conseil d'administration serait formé par des administrateurs pris dans le sein de ces Compagnies. Je dis *obligerait*, parce que l'union ne pourra se faire que par l'intervention ministérielle, légitimée par les subventions que l'État doit fournir à ces Compagnies; car les prétentions et les rivalités des unes et des autres seraient, j'en ai fait l'expérience, des obstacles insurmontables à la réalisation de ce projet.

2° L'État donnerait sa garantie pour le double du

capital fourni par les Compagnies, conformément au principe appliqué à la création des Comptoirs nationaux d'Escompte ; — il nommerait le directeur de la Caisse, qui serait président du Conseil d'administration.

Les opérations de la Caisse consisteraient à faire des avances sur titres des Compagnies sociétaires, au taux et dans les conditions fixés par le Conseil d'administration, contre des engagements à trois mois, pouvant être renouvelés, comme cela a lieu dans les sous-comptoirs, — le dépôt des titres devant être considéré comme valant une signature, ainsi que cela existe pour les warrants de marchandises.

La Caisse pourrait ultérieurement émettre des obligations en représentation des subventions que doivent solder l'État, les villes et les départements pour des travaux publics de quelque nature qu'ils fussent, et elle se chargerait d'opérer le recouvrement de ces subventions.

Ces obligations seraient spécialement garanties par le recouvrement successif des susdites subventions. Ces émissions auraient pour but de faire exécuter plus rapidement les travaux, en fournissant immédiatement le capital des subsides qu'elles représenteraient et qui ne doivent être payés que par annuités, d'accélérer ainsi pour l'agriculture, le commerce et l'industrie la jouissance de voies perfectionnées de circulation, qui doivent si puissamment concourir à leur bien-être, et de permettre aux départements et aux villes de continuer les opérations dans lesquelles ils sont engagés. L'émission de ces obligations serait contrôlée par un délégué du Ministère des Finances.

J'ai dit plus haut que les Compagnies dont il est question avaient émis des obligations pour une somme considérable. Le produit de ces obligations, pour beaucoup d'entre elles, n'est pas employé, et cette portion disponible représente un capital qu'il ne saurait être indifférent à l'État de laisser dans la situation où il se trouve; car l'État avait eu autrefois si vivement la préoccupation de la gestion des fonds résultant de l'émission d'obligations, qu'il avait exigé, par un article du cahier des charges des premières Compagnies de chemins de fer, que les sommes provenant de ces négociations fussent versées au Trésor, qui devait les restituer aux Compagnies au fur et à mesure de leurs besoins. Cet article est tombé en désuétude, mais je trouve qu'il est bon de le faire revivre vis-à-vis des petites Compagnies. Je demanderais donc que le produit de leurs obligations fût versé dans la caisse de la nouvelle institution. Je ne pense pas que les administrateurs des petites Compagnies de chemins de fer pussent s'opposer à cette mesure, puisque la Caisse serait administrée par eux-mêmes, dans la personne de leurs délégués, et les avantages qui en résulteraient, pour tous les intéressés à l'œuvre des petites Compagnies, me paraissent tellement évidents, que je crois inutile de les faire ressortir.

Cette Caisse ainsi constituée, pourrait réaliser un progrès que les grandes Compagnies n'ont pu accomplir et que cependant elles avaient eu l'idée de réaliser, parce qu'il en résulterait de grandes économies dans leur administration, je veux parler de la centralisation dans un seul établissement du service et du dépôt des titres, du paiement des coupons et généralement de tous les services financiers.

Je crois que l'institution des Banques départementales et la création de la Caisse d'escompte des Chemins de fer pourvoiraient, pour une large part, aux besoins du commerce, de l'industrie et des travaux publics. Il me reste maintenant à parler de l'agriculture.

L'ASSOCIATION DES CAPITAUX APPLIQUÉE
A L'AGRICULTURE

J'ai dit en commençant qu'il ne fallait pas imposer de nouvelles charges à la propriété territoriale, qu'au contraire on devait lui venir en aide. L'agriculture est notre mère nourricière; c'est par elle que notre fortune doit se reconstituer. Dans cet esprit, j'ai cherché comment l'association des capitaux appliquée à l'agriculture, que l'on a jusqu'à présent considérée comme impraticable, pourrait être réalisée.

On a vainement cherché à faire participer l'agriculture aux bienfaits du crédit, et les établissements financiers fondés dans ce but ont tous été détournés de leur destination et ont engagé, dans la propriété urbaine et dans des spéculations absolument étrangères à l'idée qui les avait fait naître, les capitaux qu'ils ont réunis.

C'est à donner à l'agriculture la vie du commerce et de l'industrie, et à lui fournir les éléments de crédit qui lui manquent, que l'on doit dès à présent s'appliquer. A cet effet, il faut viser à une transformation dans la constitution même de la propriété agricole; car son morcellement, les obstacles qu'une législation fort compliquée apporte dans sa transmission, les frais énormes dont cette transmission est grevée, la division périodique de cette propriété par l'héritage, les dettes ou les hypothèques dont elle est presque toujours grevée, la manière dont elle est exploitée, qui témoigne que les propriétaires ne sont pas ordinairement les artisans de son exploitation, l'incompétence habituelle des détenteurs de capitaux dans les entreprises agricoles qui changent d'objet suivant les contrées, enfin le peu d'aléa que, dans son état actuel, présente l'agriculture, dont les revenus paraissent en moyenne inférieurs de 50 $^\circ/_\circ$ aux revenus industriels, tous ces obstacles au progrès demandent un changement dans l'essence même de cette propriété.

Pour cela, il faut d'abord créer l'industriel agricole, et faire cesser la dualité qui existe entre le fermier ou l'exploitant rural et le propriétaire. On ne peut arriver

à ce résultat que par l'association, qui mettra à sa tête
les véritables agents de la production et fera des propriétaires associés de véritables industriels agricoles.
L'association ainsi établie amènerait, pour ainsi dire,
l'immutabilité de la propriété agricole sous une forme
sociale, éviterait les diverses charges de sa transmission,
créerait la société agricole dans les conditions de la
société industrielle et commerciale, lui donnerait ses
allures et amènerait le rétablissement de la grande
propriété, avec l'avantage de conserver, par des parti-
cipations diverses, le principe démocratique de sa division.

L'enquête agricole de 1867, qui aura la destinée de
toutes les enquêtes, ne renferme pas une idée générale :
elle est une succession de vœux divers, suivant les zones.
Que le sol soit exploité par le fermage, le métayage ou
le petit propriétaire lui-même, les vœux diffèrent comme
les besoins. Il ne ressort pas de l'ensemble des documents de cette enquête une base générale de réformes
et de progrès. Eh bien ! cette base générale se rencontre
dans l'association agricole. Mais comment former cette
association ? — Par l'intervention de l'État.

Qu'on ne se récrie pas ! l'industrie et le commerce ne
doivent leur prospérité qu'à cette intervention. L'industrie a eu le système protecteur, qui faisait payer au pays
tout entier ses préservations fiscales contre la concurrence
étrangère ; elle a les primes à l'exportation, des lois faites
en vue de son développement ; tout le système de crédit

a été organisé pour elle, et lorsque l'ère des traités de commerce a été inaugurée, on a mis à sa disposition une somme de 40 millions pour perfectionner son outillage, etc. Le commerce, par les subventions données aux compagnies de navigation et par la construction des chemins de fer, dotés de plus d'un milliard et demi de subventions, a vu ses éléments d'activité s'accroître dans une proportion inouïe. L'agriculture a, il est vrai, profité aussi du perfectionnement des voies de transport, mais elle n'a pas encore vu l'État pénétrer, par des subventions ou des lois, dans son essence même. Or, s'il est vrai que l'industrie et le commerce sont redevables de leur prospérité à l'intervention de l'État, lorsque je viens réclamer cette intervention pour l'agriculture, je n'innove pas, je ne m'appuie que sur les précédents et le principe m'est acquis.

Maintenant, pour savoir comment cette intervention doit se produire, il faut voir les difficultés qui s'opposent à la constitution des associations agricoles.

La première difficulté réside dans le prix élevé de la propriété ; la seconde dans la minime capitalisation de son revenu, qui varie de 2 à 3 $^\circ/_0$ seulement ; la troisième dans le temps considérable d'incubation que le sol réclame pour produire. On n'a qu'au bout de plusieurs années les fruits d'un défrichement, d'une plantation de vignes, d'un aménagement de prairie naturelle ou artificielle. Devant les appâts offerts par les placements mobiliers, qui donnent des revenus élevés et immédiats, sans le travail et l'inquiétude de leur gestion, il n'est pas surprenant que les capitaux n'aillent vers l'agriculture qu'à titre onéreux, c'est-à-dire comme simples prêts qui ne courent aucune chance aléatoire, ou comme des placements de réserve auxquels n'incombe pas le souci d'améliorer ou de perfectionner un gage de tout repos.

Pourtant le revenu agricole est-il aussi minime qu'on le dit? Si l'industriel agricole était le véritable propriétaire, les bases du calcul ne seraient-elles pas changées? Par exemple, une propriété de 500,000 francs, affermée à raison de 3 °/° donne 15,000 francs par an au propriétaire. Si on ajoute à ce revenu celui du fermier, qui doit être au moins égal, on obtient le chiffre de 30,000 francs, soit 6 °/$_0$. Si avec ce chiffre on suppute les économies de la jouissance d'une habitation, des produits alimentaires de toute nature que recueille le propriétaire pour lui, sa domesticité, etc , n'arrivera-t-on pas à un produit total égal aux revenus industriels?

L'association agricole ne peut se former qu'en vue d'une grande exploitation. Je ne suis pas l'ennemi du morcellement : il donne l'amour et la jouissance de la propriété, et dans la petite culture il fait des prodiges. Mais pour la grande culture, qui doit seule être en question, parce que c'est son développement qui importe au bien général et qu'elle seule peut justifier des mesures d'intérêt public, le morcellement est un obstacle.

On a vu, en effet, que le Crédit Foncier, autorisé à prêter 100 millions à l'agriculture pour le drainage, n'avait prêté que 1,800,000 francs. Pourquoi cela? Parce que le drainage ne peut s'appliquer que sur une grande étendue ; qu'il ne faut pas avoir pour drainer de trop proches voisins qui ne drainent pas et qui par leur abstention rendent le drainage illusoire ; parce que l'opération réclame un industriel agricole qui soit lui-même propriétaire, et que dans les grandes propriétés l'industriel agricole est un fermier et, qu'avec des baux à ferme de plusieurs années, le propriétaire véritable n'est pas poussé à des dépenses qui créeraient des complications dans ses contrats. Il faut donc que l'association agricole soit une digue au morcellement ou l'absorbe pour développer la grande culture.

J'appelle grande culture celle qui intéresse la masse du pays, parce qu'elle fournit les aliments de première nécessité, le blé, la vigne, le bétail, c'est-à-dire le pain, le vin et la viande. Pour produire en grande quantité ces trois aliments, il faut, on l'a dit bien souvent, de grands espaces et de grands pâturages, afin d'avoir des troupeaux et une grande quantité de fumier, indispensable à la richesse et à la fécondation des produits. Pour produire économiquement, il faut suppléer à la cherté ou à l'insuffisance des bras par des machines, et l'emploi des machines n'est économique que lorsque leur force se déploie et que l'argent qu'elles ont coûté se répartit sur une grande exploitation ; car, lorsque leur action est bornée, il devient extrêmement onéreux de s'en servir par le peu d'usage qu'on en fait. L'amélioration du sol par de grands travaux, le drainage ou autres, et le travail du sol par des machines ne sont possibles que lorsque la propriété est très-considérable.

L'obstacle que l'association rencontrera dans le morcellement ne pourra être surmonté que par des sacrifices dans le prix d'achat; mais ces sacrifices ne seront-ils pas compensés par les éléments constitutifs mêmes de l'association? En développant sans entraves et sans embarras toutes les ressources du sol, au moyen de toutes les améliorations dont il sera susceptible, en produisant ou plus de blé, ou plus de bétail, ou plus de vin, en appliquant à cette grande culture les machines qui suppléent à l'insuffisance ou à la cherté de la main-d'œuvre, ne trouvera-t-on pas une compensation à la surélévation du prix d'achat que pourra amener l'absorption du morcellement? Dans ces cas, qui seront exceptionnels, je le crois, le prix d'achat restera proportionnel au revenu probable.

Les obstacles du prix d'achat de la propriété et des apparences trompeuses de son revenu actuel disparaissent donc dans la constitution même de l'association agricole, qui fournira de nouveaux éléments de production au sol et établira une meilleure et plus exacte répartition des profits. Reste l'obstacle du temps, c'est-à-dire la privation d'un revenu durant la gestation des travaux agricoles. Il faut, en moyenne, cinq ans pour que les plantations ou les aménagements agricoles produisent leurs fruits. Pendant ce temps, le capital que ces travaux ont absorbé ne donne rien. C'est pour obtenir ce capital à un taux très-onéreux que souvent le propriétaire s'endette ou se ruine, Or, cette question de temps s'est présentée pour une des plus grandes œuvres de notre époque, celle des chemins de fer. Comment l'a-t-on résolue ? En permettant aux Compagnies d'augmenter leur capital du paiement des intérêts pendant la période de construction. Mais, dans les calculs de l'entreprise, la somme de ces intérêts est entrée en ligne de compte et les subventions accordées par l'État ont été calculées en conséquence. On peut dire que par ses subventions l'État a payé cet intérêt. Dans les associations agricoles, un procédé semblable ne saurait être employé, parce que nous ne voulons pas réclamer pour elles des subventions.

Ce qu'il leur faut cependant, c'est l'application même du procédé, à savoir : la certitude du paiement d'un intérêt à leur capital jusqu'au moment où elles seront en pleine exploitation. Ainsi sera résolue cette question primordiale « du temps. » La constitution financière des grandes Compagnies de chemins de fer va nous donner cette solution.

On leur a accordé, en outre des subventions, une garantie d'intérêt de 4,65 %, sur un capital de plus de 4 milliards. Cependant que sont les chemins de fer ? Les agents de l'activité agricole, industrielle et commerciale du pays. Ils ont provoqué le développement de notre prospérité, mais ils ne l'ont pas créée. Ce ne sont pas des producteurs, mais des agents et des provocateurs de la production. Si on a tant fait pour les serviteurs de la production, que ne doit-on pas faire pour la production elle-même? Or, le producteur par excellence, n'est-ce pas le sol? Ceci étant reconnu, je viens demander qu'on applique le système de la garantie d'intérêt aux associations agricoles.

La garantie d'intérêt accordée aux Compagnies de chemins de fer coûte actuellement par an à l'État de 30 à 35 millions. Il faut mettre une somme égale à la disposition des associations agricoles, et voici comment.

Ces associations, pour être bien administrées et bien surveillées, pour en éloigner dès l'origine les états-majors, ne devraient pas, sauf les exceptions que la nature des exploitations justifieraient, comporter un capital supérieur à 500,000 francs ni inférieur à 100,000 francs.

Elles devraient être locales, c'est-à-dire n'être administrées ou gérées que par des personnes appartenant aux contrées mêmes où elles seraient appelées à agir.

L'État leur parferait, pendant dix ans, un revenu de 6 % l'an, à partir de la date de leur constitution. Je dis 6 %, parce que c'est la capitalisation des valeurs mobilières, industrielles et financières, et qu'il faut faire un acte de résolution et ne pas marchander un appui qui autrement serait illusoire. Lorsque le revenu excéderait 6 %, l'excédant au-dessus de 8 % serait partagé avec l'État, conformément au principe établi pour les Compagnies de chemins de fer, qui doivent aussi partager avec l'État leur revenu excédant 8 °/₀. Toutefois, ce partage n'aurait lieu que pendant dix ans, après la première période de dix ans, la garantie d'intérêt n'étant pas pour l'agriculture entée, comme pour les chemins de fer, sur un milliard et demi de subvention.

L'association agricole revêtirait la forme anonyme dans les termes de la loi de 1867. Toutes les associations agricoles devraient être assurées contre l'incendie, la grêle et les épizooties.

Tout propriétaire possédant un immeuble d'une valeur qui ne pourrait pas être inférieure à 100,000 francs aurait la faculté de constituer sa propriété en association.

Mais toute association devrait fournir, pour obtenir la garantie de l'État, la preuve qu'elle possède, en dehors du prix d'achat, les sommes en argent nécessaires pour faire les améliorations ou les réparations utiles à la propriété, augmentées du fonds de roulement que réclamerait son exploitation. Ces sommes feraient partie intégrante du capital social et la garantie de l'État porterait sur le capital social tout entier.

Les gérants et membres actifs de l'association agricole auraient une part bénéficiaire dans les revenus de l'exploitation. Cette part ne pourrait pas être supérieure au tiers ou au quart de ce revenu. Elle serait répartie proportionnellement entre les agents *fixes* de l'association et constituerait une augmentation de leur salaire.

A ce propos, qu'on me permette de rappeler un fait que j'ai déjà cité ailleurs.

En 1830, quinze laboureurs formèrent une société coopérative pour l'exploitation agricole de la ferme l'Assington (Angleterre). Ils apportèrent chacun un capital de 3 livres sterling, soit 75 francs. Le fondateur de la société, M. Gurdon, leur fit une avance de 400 livres sterling, soit 10,000 francs. Cette société est dans la plus grande prospérité. Son fermage comprenait à l'origine environ 27 hectares ; elle l'a porté à 60 hectares, en s'adjoignant de nouveaux associés. Elle a remboursé l'emprunt de 10,000 francs et ses actions de 75 francs ont atteint le prix de 1,250 francs.

On voit que l'agriculture peut fournir ces plus-values extraordinaires que nous croyons réservées aux seules entreprises industrielles et financières. Mais nous n'avons pas foi dans l'agriculture aujourd'hui, pas plus que nous n'avons eu, à une autre époque, foi dans l'avenir des chemins de fer. C'est pour forcer la main à notre confiance, si je peux me servir de ce mot, que l'État, au nom de l'intérêt général et pour le servir, est intervenu dans les grandes entreprises qui ont eu besoin de faire appel à l'association des capitaux. Il a donné à ces capitaux des sécurités de toute nature, sans lesquelles aucun de nos progrès n'aurait pu s'accomplir. Après l'industrie et le commerce, l'agriculture a droit à cette intervention de l'État, qu'elle aurait dû peut-être obtenir la première.

Avec une somme de 30 millions par an, destinée à garantir 6 % d'intérêt à des associations agricoles, on trouvera un capital de plus de 600 millions, d'un milliard sans doute, car cette somme de 30 millions ne servirait qu'à parfaire un intérêt de 6 %, qui commencera la transformation et la régénération de la propriété agricole. Des milliers d'hectares seront défrichés et mis en culture; l'État verra augmenter le produit de ses impôts directs et indirects, qui ont leur source dans le sol, et cette garantie sur un milliard arrivera peut-être, en augmentant la matière à transport, à annihiler la garantie accordée aux chemins de fer pour l'insuffisance des produits de certaines lignes qui traversent aujourd'hui des contrées pauvres que l'agriculture seule peut régénérer. Tout se tient et se lie dans le progrès.

Voilà ma solution agricole. J'y entrevois cette transformation de la propriété territoriale que je souhaitais en commençant, et, par la mobilisation de cette propriété dans des titres qui la représenteront et pourront circuler comme les autres titres mobiliers, son émancipation, si je peux me servir de ce mot. Il y a un personnel nombreux dans les Comices agricoles et les Sociétés d'agriculture et parmi les fermiers, qui me paraît prêt et apte à profiter, sans délai, de l'intervention de l'État telle que je la réclame. L'Empire a eu les débauches de la spéculation industrielle et financière, amenons vers l'agriculture l'ardeur d'entreprise dont nous avons été victimes, parce que, dans la mise en valeur du sol, cette ardeur ne peut donner que des résultats bienfaisants. Produire en plus grande quantité des denrées de première nécessité, c'est faire chaque jour un nouveau pas vers la vie à bon marché, et la vie à bon marché c'est le problème qui est au fond de toutes les agitations sociales dont nous sommes menacés.

RÉSUMÉ

J'ai cru devoir exposer rapidement ces combinaisons, parce qu'il m'a paru que l'opinion publique était préparée à en rechercher et qu'on ne saurait trop tôt la saisir des questions qu'il est si urgent de résoudre.

Par la création des nouvelles taxes que je propose, par des économies qu'il ne m'appartient pas d'indiquer, je crois qu'on peut réduire, dans un délai de dix ans, notre dette de trois à cinq milliards.

Par la création de Banques départementales, on commence l'œuvre de la décentralisation ; on met à la disposition du commerce et de l'industrie de nouvelles ressources de crédit.

Par l'institution d'une Caisse d'escompte des chemins de fer, on pourvoit aux besoins des travaux publics.

En appliquant la garantie d'intérêt aux associations

agricoles, on ouvre à l'agriculture une ère de progrès et de prospérité.

Et maintenant que la publicité propage, combatte ou approuve mes idées. J'ai voulu surtout provoquer la discussion ; je l'appelle et je la souhaite, parce qu'il en surgira certainement les lumières qui nous sont nécessaires pour nous guider à travers nos ruines.

9488 — Paris. — Imprimerie Ve Poitevin, Éthiou-Pérou et Ce, rue Damiette, 2 et 4.